Gabriele Redden
Wenn Engel backen

Gabriele Redden

Wenn Engel backen

Originelle Ideen aus Lebkuchenteig

Mit Fotos von Helmut Peters

Weltbild

Inhalt

Engel backen Engel
Seite 6

Lebkuchensterne
Seite 14

Der Weihnachtsmann kommt
Seite 16

Elisenlebkuchen
Seite 24

Tiere im Winterwald
Seite 26

Honigkuchen
Seite 34

Winter im Bärenland
Seite 36

Pfeffernüsse
Seite 42

Spaß auf der Eisbahn
Seite 44

Springerle
Seite 50

Bald ist es soweit
Seite 52

Hirtenstäbchen
Seite 60

Knusper, knusper, knäuschen...
Seite 62

Nürnberger Lebkuchen
Seite 72

Weihnachtsbäume
Seite 74

Engel
backen
Engel

Die Motive und Figuren werden aus
hellem Lebkuchenteig gebacken, der
durch die typische Gewürzmischung aus
Zimt, Vanille, Anis und Nelken mild
aromatisiert und nach dem Abkühlen
mit Zuckerguss verziert wird.

Heller Lebkuchenteig
Grundrezept

*Wenn der Duft
von Lebkuchen durchs
ganze Haus zieht, gibt
es keinen Zweifel mehr:
Bald ist Weihnachten*

einfach

1 Den Honig mit dem Schmalz erwärmen, dann das Wasser zufügen. Die Mischung mit dem Schneebesen verrühren. Den Zimt, das Lebkuchengewürz und das Rosenwasser sorgfältig untermischen.

2 Das Backpulver und das Roggenmehl vermischen und in die Honigmischung sieben. Dann nach und nach das Weizenmehl dazusieben und alles mit dem Knethaken zu einem glatten Teig verarbeiten. Den Teig zugedeckt 2 Stunden ruhen lassen.

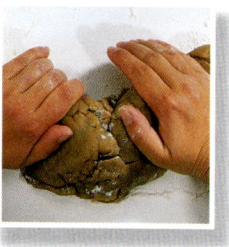

3 Den Backofen auf 170 °C (Umluft 150 °C; Gas Stufe 3) vorheizen. Den Teig auf der bemehlten Arbeitsfläche 4-5 mm dick ausrollen. Die Motive ausschneiden. Auf die mit Backpapier ausgelegten Backbleche legen und 20 Minuten backen.

tipps & tricks

- Der Lebkuchenteig sollte in einer Folie oder einem Plastikbeutel verpackt mindestens 3-4 Stunden ruhen, besser noch: über Nacht in den Kühlschrank stellen.
- Wenn der Teig zu hart geworden ist: Verschließen Sie ihn in einem Plastikbeutel, und legen Sie ihn für einige Minuten in heißes Wasser. Dann ist er wieder weich und knetbar.
- Sollte der Teig zu klebrig sein, geben Sie ihn auf die bemehlte Arbeitsplatte und kneten nach und nach etwas Mehl ein.

Grundrezept

für 30-60 Figuren, je nach Größe der Motive

- 1 kg Honig
- 150 g Butterschmalz
- 3/8 l Wasser
- 1 TL Zimt
- 2 Päckchen Lebkuchen- gewürz
- 3 EL Rosenwasser
- 2 Päckchen Backpulver
- 300 g Roggenmehl
- 1 kg Weizenmehl
  Außerdem: Mehl zum Ausrollen, Backpapier für das Backblech

Es gibt zwei Sorten von Lebkuchen, den hellen, goldgelben und den dunkelbraunen Lebkuchen. Außerdem gibt es natürlich noch viele Lebkuchen nach Familienrezepten, die durch die Zugabe von Nüssen, Mandeln, Pistazien, Zitronat und Orangeat oder verschiedenen Gewürzen, wie Ingwer, Muskat oder Sternanis, ihr ganz spezielles, beliebtes Aroma haben. Vieles haben alle Lebkuchen jedoch gemeinsam: Der Teig hat eine feste Struktur, ist geschmeidig, kann dünn ausgerollt werden, ist nicht brüchig, kann deshalb ohne Probleme ausgestochen oder einfach ausgeschnitten werden, ist sehr gut formbar, und er ist lange haltbar. Für Lebkuchenfiguren und -motive, zum Beispiel Engel, Weihnachtsmänner oder Bären (auf den folgenden Seiten), die Sie als Weihnachtsbaumschmuck verwenden wollen, nehmen Sie am besten den einfachen Teig (siehe Rezept links) und lassen ihn nach dem Backen und Abkühlen in einer luftdicht verschlossenen Dose gut trocknen, damit sie ganz hart werden. Wenn Sie die Figuren nach Weihnachten sorgfältig verpacken, können Sie sie getrost bis zum nächsten Jahr aufbewahren. Aber wer sie lieber dieses Weihnachten essen möchte, schichtet sie bis dahin in Blechdosen zwischen Backpapier, gibt einige Apfelschnitze dazu und legt sie am Heiligen Abend auf den Weihnachtsteller.

9

Bunte
Engelsfiguren

*Engelsfiguren aus hellem
Lebkuchenteig sehen
nicht nur hübsch aus, sie
schmecken auch köstlich.*

braucht
etwas
Zeit

Den Backofen auf 170 °C (Umluft 150 °C;
Gas Stufe 3) vorheizen. Den Teig auf der
bemehlten Arbeitsfläche 4-5 mm dick ausrollen. Die Motive ausschneiden. Auf die
mit Backpapier ausgelegten Backbleche
legen und 20 Minuten backen.

- Um beim Ausstechen oder Ausschneiden genaue Konturen zu bekommen, muss der Teig gleichmäßig dick ausgerollt werden.
- Die Ausstechformen oder das Messer vor jedem Ausstechen oder Ausschneiden in heißes Wasser tauchen, damit nichts kleben bleibt.
- Die Figuren im Abstand von etwa 3 cm auf die mit Fett eingestrichenen oder mit Backpapier ausgelegten Backbleche legen.

So stellen Sie die Engelsschablonen her

Sie gehen mit diesem Buch in einen Copyshop, wo Sie die Engel mit dem Kopierer auf die gewünschten Maße vergrößern können. Dann schneiden Sie die Motive aus, legen sie auf den fertig ausgerollten Teig und schneiden die Engel mit einem scharfen, spitzen Messer entlang der Kontur aus dem Teig. Um exakte Kanten zu bekommen, tauchen Sie das Messer von Zeit zu Zeit in warmes Wasser. Zum Backen legen Sie die Figuren mit etwa 3 cm Abstand voneinander auf das Backpapier.

Engel
verzieren

Zum Bemalen und Verzieren der Engels- figuren brauchen Sie etwas Geschick und vor allem Geduld.

aufwendig, braucht Zeit

Für die Verzierung

1 Die Eiweiße steif schlagen, dabei den Puderzucker nach und nach dazu- sieben. Dann die jeweilige Farbe tröpfchenweise zufügen und im gewünsch- ten Ton mischen.

2 Beim Bemalen fangen Sie am besten mit den größeren Flächen an. Dann werden die kleinen Flächen mit einem kleineren Pinsel aus- gemalt und eventuelle Korrekturen vorgenommen.

3 Auf die noch feuchten Flächen kön- nen Sie bunte Liebesperlen, silber- ne oder goldene Zuckerkugeln oder Hagelzucker streuen oder Mandelhälften und kandierte Früchte kleben.

Und für die Glasur benötigen Sie

- 2 Eiweiß
- 400 g Puderzucker
- 4 Lebensmittelfarben aus der Tube oder pflanzliche Farben (siehe Seite 33)
- Liebesperlen oder Zuckerkugeln
- Mandeln
- kandierte Früchte
- 50 g Kuvertüre

Außerdem:

- 1 dickeren Pinsel
- 1 dünneren Pinsel
- 1 kleinen Spatel
- 1 Spritzbeutel mit sehr feiner Tülle (siehe Kasten Seite 23)

Die Engel zu bemalen erfordert etwas Geduld. Mischen Sie die Farben mit einem kleinen Spatel. Wenn Sie eine Fläche ausgemalt haben, muss sie erst trocknen, bevor Sie die nächste bemalen können, sonst laufen die Farben ineinander. Wer es eilig hat, kann zum Trocknen auch einen Föhn benutzen: Schalten Sie ihn auf die mittlere Stufe, und halten Sie ihn in etwa 20 cm Abstand auf die Farbfläche. Allerdings müssen Sie den Guss danach wieder abkühlen lassen, bevor Sie weitermalen.

Die Verzierungen und die Gesichter werden erst ganz zum Schluss gemalt, wenn alle anderen Flächen bereits trocken sind: Dafür müssen Sie vor dem Einfärben etwa 2 EL der weißen Eiweiß-Zucker-Masse abnehmen. Sie füllen diese Masse jetzt in die Spritztüte und ziehen die Konturen nach.

Für die Gesichter der Engel brauchen sie dunkle Farben. Dafür verwenden Sie am besten die Kuvertüre. Sie wird im heißen Wasserbad geschmolzen und muss flüssig sein, wenn Sie damit feine Linien ziehen wollen. Achten Sie darauf, dass kein Wasser in die Kuvertüre tropft, sonst verändert sich die Konsistenz.

Lebkuchensterne

Die köstlichen
Lebkuchensterne sind
aus hellem
Lebkuchenteig.

kinderleicht

Rezept für ca. 50 Sterne
• 250 g Honig
• 250 g brauner Zucker
• 150 g Butter
• 100 g gemahlene Mandeln
• 400–450 g Mehl
• 1 TL Zimtpulver
• 2 TL Lebkuchengewürz
• abgeriebene Schale von ½
  unbehandelten Zitrone
• 1 Ei
• 1 TL Pottasche
*Außerdem: Mehl zum
Ausrollen, Backpapier
für das Backblech*

1. Honig, Zucker und Butter
in einem Topf erhitzen. Den
Zucker unter Rühren auf-
lösen. Die Mischung in eine
Schüssel umfüllen.

2. Mandeln, 400 g Mehl, alle
Gewürze und das Ei zufü-
gen. Mit dem Knethaken des
Rührgerätes durchkneten.
3. Pottasche und 2 EL Wasser verrühren und zum Teig
geben. Alles zu einem Teig
durchkneten, der glänzt und
nicht mehr klebt. Notfalls
noch etwas Mehl zufügen.
Über Nacht kalt stellen.
4. Den Teig auf wenig
Mehl 3 mm dick ausrol-
len und Sterne ausste-
chen. Das Backpapier
auf ein Backblech legen,
die Sterne darauf ver-
teilen und bei 180 °C
(Umluft 160 °C; Gas
Stufe 3) etwa 15 Mi-
nuten backen und gut
auskühlen lassen.

Würziges, herzhaftes Lebkuchengebäck ist nach dem Backen oft ziemlich hart. Wenn Sie es aber einige Tage offen liegen lassen, wird es ganz weich, weil es sich dann Feuchtigkeit aus der Luft holt.

1 Für die Glasur brauchen Sie 250 g Puderzucker, 2 EL Wasser, 1 EL weiche Butter und
Lebensmittelfarbe. Den Puderzucker durch ein
Sieb in ein Schälchen sieben und mit dem Wasser glatt
rühren. Dann die weiche Butter unterrühren, damit alles zu
einer feinen halbflüssigen, aber streichfähigen Masse wird.

2 Die Hälfte der Glasur mit einigen Tropfen
Lebensmittelfarbe pastellig einfärben. Die Hälfte der
Sterne weiß und die andere Hälfte pastellig (rosa oder
auch eine andere Farbe) glasieren. Gut trocknen lassen.
Bevor die Masse trocken ist, können Sie auch silberne oder
bunte Zuckerkugeln auf die Sterne streuen. Dies sieht sehr
hübsch aus.

Der Weihnachts-*mann* kommt

Der Weihnachtsmann ist aus dem Lebkuchenteig hergestellt, den schon unsere Großmütter gebacken haben. Die traditionelle Variante enthält Hirschhornsalz und Pottasche als Treibmittel.

Weihnachts-
mannteig bereiten

*Statt Butterschmalz
wurde früher Schweine-
schmalz zum Teig
gegeben. Probieren Sie es
einfach mal aus!*

einfach,
zeitaufwendig

1 Den Honig mit dem Wasser erwärmen. Das Schmalz zufügen und schmelzen lassen. Die Mischung mit dem Schneebesen gut verrühren und abkühlen lassen. Zimt, Lebkuchengewürz und Rosenwasser zufügen und gründlich untermischen.

2 Pottasche und Hirschhornsalz in 3 EL Wasser verrühren und zur Honigmischung geben. Das Roggenmehl durch ein Sieb in die Honigmischung streuen und gut untermischen. Dann nach und nach das Weizenmehl dazusieben und alles zu einem glatten Teig verarbeiten. Den Teig zugedeckt mindestens 4 Stunden oder über Nacht ruhen lassen.

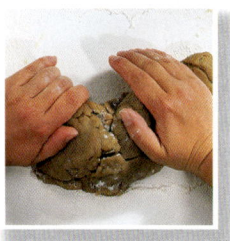

3 Den Teig aus der Schüssel nehmen und auf eine mit Mehl bestreute Arbeitsfläche geben. Dann mit den Händen gründlich durchkneten. Dabei immer die Handballen in den Teig drücken. Den Teig in eine Folie wickeln und am besten über Nacht an einem kühlen Ort ruhen lassen.

18

Omas Lebkuchenteig

für 30-60 Weihnachts-männer, je nach Größe der Figuren

- *1 kg Honig*
- *3/8 l Wasser*
- *150 g Schweineschmalz*
- *1 TL Zimt*
- *2 Päckchen Lebkuchen-gewürz*
- *3 EL Rosenwasser*
- *8 g Hirschhornsalz*
- *15 g Pottasche*
- *300 g Roggenmehl*
- *1 kg Weizenmehl*

Außerdem: Mehl zum Ausrollen, Fett oder Back-papier für das Backblech.

Dieses Lebkuchenrezept ist Großmutters Küchenfibel entnommen. Hier werden die alten Treibmittel und Schweineschmalz verwendet. Pottasche und Hirschhorn-salz sind Treibmittel, die schwere zuckerhaltige Teige, wie Lebkuchenteig, am besten auflockern. Geschmack-lich haben diese Backhilfen keinen Einfluss. Das Hirsch-hornsalz entwickelt seine Treibkraft hauptsächlich in der Backofenhitze. Da es sich leicht zersetzen kann, muss es immer gut verschlossen aufbewahrt werden. Die Pott-asche treibt während der Ruhezeit vor dem Backen. Sie muss trocken aufbewahrt werden. Wenn die Lebku-chenfiguren zum Naschen gedacht sind, lagern Sie sie mit Apfelschnitzen in einer Blechdose. Sie können die Plätzchen aber ebenso auf Backpapier ins Regal der Speisekammer oder auf eine freie Fläche im Küchen-schrank legen, da sie auch an der Luft, die immer etwas Feuchtigkeit hat, weich wer-den. Wenn Lebkuchen aller-dings als Dekoration vorge-sehen sind, müssen sie trocken lagern, um hart zu bleiben.

Weihnachtsmänner backen

Die kleinen Weihnachtsmänner schmecken auch zum Adventstee, wenn sie nicht vorher schon alle vernascht wurden.

leicht

4 Dann nehmen Sie den Teig aus der Folie und rollen ihn auf einer bemehlten Arbeitsfläche gleichmäßig dick aus (ca. 3-4 mm). Dann legen Sie die ausgeschnittenen Weihnachtsmannfiguren auf den Teig und schneiden die Motive aus. Legen Sie die Figuren in einigem Abstand auf das Backblech, und backen Sie sie bei 170 °C (Umluft 150 °C; Gas Stufe 3) etwa 20 Minuten. Auskühlen lassen.

tipps & tricks

- Die Weihnachtsmänner aus Lebkuchenteig nach Großmutters Rezept sind ein nettes Geschenk oder ein hübsches Mitbringsel in der Advents- und Vorweihnachtszeit. Wenn Sie also gleich eine größere Anzahl der süßen Männer backen möchten, dann bereiten Sie den Teig einfach aus 1½ kg oder 2 kg Weizenmehl zu. Die anderen Zutaten müssen Sie entsprechend berechnen, damit der Teig seine typische Konsistenz behält und sich gut verarbeiten lässt.

So stellen Sie die Weihnachtsmann-schablonen her

Sie gehen mit dem Buch in einen Copyshop, wo Sie die Weihnachtsmänner mit dem Kopierer auf die gewünschten Maße vergrößern können. Zu Hause schneiden Sie die Motive dann aus und übertragen sie schließlich auf festes Papier oder dünne Pappe. Sie lässt sich auf dem Teig besser fixieren als Papier.

Legen Sie die Ausschnitte auf den ausgerollten Teig, und schneiden Sie die Weihnachtsmänner mit einem scharfen, spitzen Messer entlang der Kontur vorsichtig aus dem Teig.

Weihnachtsmänner verzieren

Was wäre ein
Weihnachtsmann ohne
rote Mütze, schwarze
Stiefel und weißen
Rauschebart.

braucht etwas Geduld

Für die Verzierung

1 Die Eiweiße steif schlagen, dabei den Puderzucker
nach und nach dazusieben. 2 EL beiseite stellen.
Den Rest mit der roten Farbe mischen. Für die Stiefel
und den Sack schmelzen Sie die Kuvertüre im Wasserbad.

2 Fangen Sie mit der Kuvertüre an, und bemalen Sie die
Stiefel und den Sack. Dann werden die roten Flächen
ausgemalt und eventuelle Korrekturen vorgenommen.
Zum Schluss wird die restliche weiße Masse in eine Papier-
oder Plastiktüte gefüllt, eine ganz kleine Spitze zum
Spritzen abgeschnitten und die Verzierungen aufgespritzt.

tipps & tricks

- Spritztütchen lassen sich aus kleinen Gefrierbeuteln herstellen. Für die Konturen ein winziges Loch in die Spitze der Tüte schneiden.
- Auch aus Backpapier lassen sich Spritztütchen herstellen. Dafür ein Stück von 25 x 25 cm Größe ausschneiden, zweimal zu einem Dreieck falten, über zwei Finger zu einer sehr spitzen Tüte rollen und den Rand mit einem Klebestreifen so festkleben, dass an der Spitze eine millimetergroße Öffnung bleibt.

Und für die Glasur benötigen Sie

- 2 Eiweiß
- 400 g Puderzucker
- 4 Lebensmittelfarben zum Mischen
- 50 g dunkle Kuvertüre

Außerdem:
- 1 Spatel
- 1 dickeren Pinsel
- 1 dünneren Pinsel
- 1 kleine Spritztüte mit feiner Tülle

Um die verschiedenen Weihnachtsmannfiguren auszuschneiden, zu backen und zu bemalen, sollten Sie sich etwas Zeit nehmen. Und nicht gleich verzweifeln, wenn es beim Verzieren nicht sofort klappt. Die Lebensmittelfarben decken sehr gut, und so können Sie Fehler beim Ausmalen schnell beheben. Lassen Sie die Figuren einige Stunden trocknen, bevor Sie sie bis Weihnachten verpacken. Denken Sie daran: Wenn die Weihnachtsmänner Dekoration sein sollen, in luftdichten Kästen verpacken. Sollen sie verzehrt werden, geben Sie Apfelschnitze dazu.

Elisenlebkuchen

Sie sind die edelsten unter den Lebkuchen, denn die vielen Gewürze und Zutaten sind vom Feinsten.

einfach, braucht Zeit

Rezept für ca. 80 Lebkuchen

- 450 g Zucker
- 6 Eier
- 1 Päckchen Vanillezucker
- 240 g gehackte Haselnüsse
- 240 g gemahlene Haselnüsse
- 50 g gehackte Walnüsse
- je 100 g fein gehacktes Zitronat und Orangeat
- abgeriebene Schale von je 1 unbehandelten Zitrone und Orange
- je ½ TL Zimtpulver, Pimentpulver
- gemahlene Muskatnuss Gewürznelke, Muskatblüte
- je ¼ TL gemahlener Koriander und Kardamom
- 2 Päckchen Backoblaten Durchmesser 4 cm

1. Zucker, Eier und Vanillezucker so lange rühren, bis sich der Zucker aufgelöst hat. Haselnüsse, Walnüsse, Zitronat, Orangeat, Zitronen- und Orangenschale sowie alle Gewürze untermischen. Den Teig 24 Stunden zugedeckt kühl stellen.

2. Den Backofen auf 200 °C (Umluft 180 °C; Gas Stufe 4) vorheizen. Aus dem Teig kleine Kugeln (à 20 g) formen, auf die Oblaten setzen und jeweils 20 Lebkuchen auf einem Backblech verteilen.

3. Im Backofen etwa 15 Minuten backen und auf einem Kuchengitter auskühlen lassen.

Alle Elisenlebkuchen auf Pergamentpapier lagenweise in eine Blechdose schichten und etwa 14 Tage lagern.

1 Für die helle Glasur benötigen Sie: 200 g Puderzucker, 2 Tropfen Zitronensaft, 2 EL Wasser und 30 Walnusshälften zum Garnieren. Den Puderzucker in eine Schüssel sieben. Wasser und Zitronensaft vermischen und mit dem Puderzucker glatt rühren. Die Glasur mit einem Pinsel auf etwa ein Drittel der Lebkuchen streichen. Die Nusshälften darauf setzen.

2 Für die dunkle Glasur brauchen Sie: 200 g dunkle Kuvertüre und 30 abgezogene halbe Mandeln. Die Kuvertüre hacken, im heißen Wasserbad schmelzen. Die Lebkuchen damit glasieren. Die Mandelhälften darauf setzen. Auf die restlichen 20 Lebkuchen mit Zuckerguss je ½ Pistazie kleben.

Tiere im
Winter-
wald

Dieses Bild wird wohl nicht lange voll-ständig bleiben. Die Häschen und Schweinchen, Schäfchen und Vögel ver-führen einfach zum Naschen. Fügen Sie dem Teig deshalb ruhig Nüsse oder Mandeln, Rosinen oder Zitronat zu.

Dunkler Lebkuchenteig
Grundrezept

Mit den ausgestochenen oder ausgeschnittenen Tieren können Sie auch andere Bilder erstellen, z. B. die »Arche Noah« oder einen »Zoo«.

einfach

1 Den Honig mit dem Wasser vermischen und erwärmen. Das Butterschmalz zufügen und schmelzen lassen. Die Mischung mit dem Schneebesen verrühren. Etwas abkühlen lassen, das Lebkuchengewürz und den Vanillezucker zufügen und gründlich untermischen. Je nach Geschmack können auch fein gehackte Nüsse, Mandeln oder Pistazien zugegeben werden.

2 Den Kakao zufügen. Die Pottasche und das Hirschhornsalz mit dem Rosenwasser vermischen und unterrühren. Das Roggenmehl durch ein Sieb in die Honigmischung sieben. Eventuell gehackte Rosinen zufügen. Dann nach und nach das Weizenmehl dazusieben und alles zu einem glatten Teig verarbeiten. Den Teig zugedeckt 2 Stunden ruhen lassen.

3 Den Backofen auf 170 °C (Umluft 150 °C; Gas Stufe 3) vorheizen. Den Teig auf der bemehlten Arbeitsfläche 4-5 mm dick ausrollen. Die Motive ausstechen oder zuschneiden. Auf zwei eingefettete Backbleche legen und etwa 20 Minuten backen.

tipps & tricks

- Mischen Sie mit den Gewürzen noch 200 g gehackte Haselnüsse, Mandeln, Pistazien oder Erdnüsse unter den Teig.
- Kinder mögen häufig kein Zitronat oder Orangeat. Hacken Sie deshalb 100 g Sultaninen, und geben Sie sie mit dem Mehl unter den Teig, das macht ihn etwas saftiger.
- Diese Lebkuchen sind auch ein hübsches Mitbringsel. Entweder einzeln wie Bonbons verpackt in einem Adventsstrauß arrangiert, oder in einem kleinen Karton mit weihnachtlichen Motiven verschnürt.

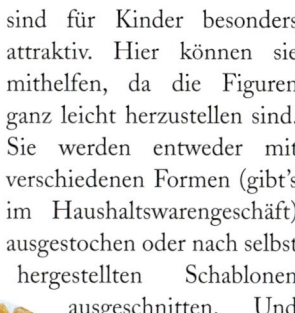

Grund-rezept

für 70-100 Tiere, je nach Größe der Figuren

- 1 kg Honig
- 150 g Butterschmalz
- $^3/_8$ l Wasser
- 1 Päckchen Lebkuchen-gewürz
- 1 Päckchen Vanillezucker
- 50 g Kakao
- 15 g Pottasche
- 5 g Hirschhornsalz
- 3 EL Rosenwasser
- 300 g Roggenmehl
- 1 kg Weizenmehl

Außerdem: Mehl zum Ausrollen, Fett oder Back-papier für das Backblech

Die tierischen Lebkuchen sind für Kinder besonders attraktiv. Hier können sie mithelfen, da die Figuren ganz leicht herzustellen sind. Sie werden entweder mit verschiedenen Formen (gibt's im Haushaltswarengeschäft) ausgestochen oder nach selbst hergestellten Schablonen ausgeschnitten. Und das ist ganz einfach (siehe Seite 30).

Besonders gerne werden die Tiere natürlich geges-sen. Stellen Sie deshalb am besten einen dunklen Leb-kuchenteig mit den Zu-taten her, die Ihre Kinder gerne mögen.

Die Tiere gelingen genauso gut mit hellem Lebkuchen-teig, den Sie ebenfalls mit verschiedenen Zutaten ver-wandeln können. Bei der an-gegebenen Teigmenge sollten die Zutaten insgesamt aber nicht mehr als 200 g betra-gen.

Tiere backen

Die verschiedenen Tier-
motive lassen sich mit einer
Schablone ganz leicht aus
dem Teig schneiden.
Noch einfacher geht's mit
Ausstechformen.

kinderleicht

So wird's gemacht

1 Wenn Sie Schablonen ausgeschnitten haben (siehe
Seite 31), dann legen Sie diese auf den ausgerollten
Teig und schneiden ihn mit einem scharfen Messer
entlang der Schnittkante aus. Das Messer immer wieder in
warmes Wasser tauchen, damit nichts kleben bleibt und
die Schnittkanten nicht ausfransen. Die ausgeschnittenen
Tiere in etwa 3 cm Abstand auf ein Backblech legen und
backen.

2 Den Teig auf der bemehlten Arbeitsfläche ausrollen und
verschiedene Tiere ausstechen. Die Formen immer wieder in Mehl tauchen, damit der Teig nicht anklebt.
Teigreste neu verkneten, ausrollen und weitere Tiere ausstechen. Die Figuren in etwa 3 cm Abstand voneinander auf
ein Backblech legen und backen.

tipps & tricks

- Für die Weihnachtsbäckerei ist es gut, Backpapier zu verwenden, denn es verhindert das Ankleben des zuckerigen Gebäcks und erspart das lästige Saubermachen der Bleche. Das Papier kann übrigens mehrmals verwendet werden.
- Außerdem sind auf dem Papier verschiedene Motive und Muster für Schablonen aufgedruckt, die Ihnen neue Ideen für die Weihnachtsbäckerei liefern.

Es ist ganz einfach, Tierschablonen herzustellen. Wir haben Holzfiguren verwendet und sie auf dünner, weißer Pappe nachgezeichnet. Die Motive werden entlang der Umrisslinien sorgfältig ausgeschnitten und auf den Teig gelegt. Beim Bemalen dienen die Holzfiguren als Vorbilder. Die Motive lassen sich auch aus Bilderbüchern abpausen. Wem das Anfertigen von Schablonen und Vorlagen jedoch zu aufwendig und zu kompliziert ist, der kann natürlich auch auf vorgefertigte Formen zum Ausstechen zurückgreifen. Die Förmchen erhalten Sie in Haushaltswarenläden.

Tiere verzieren

Sobald die gebackenen
Tierfiguren ausgekühlt
sind, lassen sie sich ganz
nach Wunsch und Geschick
bemalen und verzieren.

leicht,
geht schnell

So wird's gemacht

Wenn die Figuren abgekühlt sind, werden sie glasiert.
Für die Glasur benötigen Sie 400 g Puderzucker, 2 Eiweiß,
4 Lebensmittelfarben, je 1 dickeren und dünneren Pinsel,
1 kleinen Spatel und 1 Spritzsack mit sehr feiner Tülle.
Den Puderzucker durchsieben. Die Eiweiße steif schlagen
und dabei den Puderzucker einrieseln lassen. Die Masse in
mehrere Patronen teilen und bis auf einen Teil einfärben.
Die Tiere mit den farbigen Zuckermassen je nach Geschmack
bepinseln, trocknen lassen und anschließend mit der weißen
Zuckermasse die Konturen ziehen.

tipps & tricks

- Wir haben die Tiere mit Zuckerfarben bemalt, Sie können stattdessen auch helle und dunkle Kuvertüre nehmen und darauf die weißen Zuckerkonturen nachzeichnen.
- Mit Zitronensaft statt mit Wasser angerührt, bekommt die Glasur noch etwas mehr Geschmack.
- Die Tannenbäume sehen besonders schön aus, wenn Sie mit verschiedenen Grüntönen bemalt werden.

Wer statt der künstlichen Lebensmittelfarben lieber natürliche Farben verwenden will, besorgt sich stark färbende Säfte oder Gewürze aus dem Reformhaus.

Für
dunkelrot – rosa
Himbeersirup, Rote-Bete-Saft, Holundersaft
gelb
in wenig Wasser aufgelöster Safran, Mangosirup
violett
Heidelbeersaft
grün
Spinatsaft

In manchen Naturkostläden gibt es Extrakte aus den verschiedenen Säften zu kaufen. Sie können auch die pflanzlichen Eierfarben in Pulverform verwenden, falls Sie vom vergangenen Osterfest noch einige übrig haben. Auch sie werden aus essbaren Pflanzen gewonnen.

Die Säfte werden tropfenweise unter die Zuckermasse gerührt. Für unterschiedliche Schattierungen können Sie die Farben auch vermischen.

Achten Sie darauf, dass die Konsistenz der Zuckermasse nicht zu flüssig wird.

Honigkuchen

Auf diesen
Leckerbissen
müssen Naschkatzen
nicht lange warten.
Die Honigkuchen
können sofort
gegessen werden.

einfach

Rezept für ca. 80 Stück
- 200 g Butter
- 180 g Honig
- 5 Eier
- 100 g Speisestärke
- 200 g Mehl
- 2 TL Zimtpulver
- 1/2 TL geriebener Muskat
- 1 TL gemahlene Nelken
- 200 g geriebene Block-schokolade
- 200 g gehackte Haselnüsse
- je 60 g Zitronat und Oran-geat, Fett für das Backblech

1. Die Butter, den Honig und die Eier schaumig rühren. Die Speisestärke und das Mehl vermischen und unterrühren.
2. Nach und nach das Zimtpulver, den geriebenen Muskat und die gemahlene Nelken, die geriebene Blockschokolade, die gehackten Haselnüsse, das fein gehackte Zitronat und Orangeat unter den Teig heben. Etwa 30 Minuten ruhen lassen.
3. Den Backofen auf 200 °C (Umluft 180 °C; Gas Stufe 4) vorheizen. Ein Backblech gut einfetten und den Teig darauf gleichmäßig etwa 2 cm dick verstreichen.
4. Auf der mittleren Schiene im Backofen etwa 20 Minuten backen. Den Honigkuchen noch warm in gleichmäßige Rauten schneiden. Auf dem Backblech gut abkühlen lassen, bevor Sie ihn glasieren und verzieren.

Der Teig kann natürlich auch in Würfel oder Streifen geschnitten werden. Die Form der Honigkuchen ist ganz egal. Wer statt des Zuckergusses lieber dunkle Schokolade mag, schmilzt 200 g Kuvertüre und streicht sie auf den Teig.

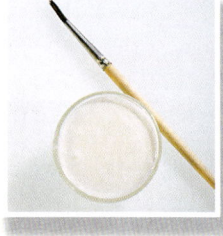

1 Für die Glasur benötigen Sie 300 g Puderzucker, 2 Eiweiß und 2 Tropfen Sonnenblumenöl. Puderzucker in eine Schüssel sieben. Die Eiweiße schaumig schlagen, dabei nach und nach den Puderzucker zufügen. Öl unterrühren und damit die Rauten bestreichen.

2 Für die Verzierung brauchen Sie gehackte Pistazien und kandierte Orangenschale, in Juliennestreifen geschnitten. In die Mitte der glasierten Rauten sofort nach der Glasur Pistazien oder einige Orangenstreifchen streuen. Sie können auch goldene oder bunte Zuckerkugeln, halbierte Haselnüsse oder Walnüsse verwenden.

Winter im Bären- land

Für die braunen Bären stellen Sie einen dunklen Lebkuchenteig mit Pistazien oder Nüssen und Rosinen her. Die Bären und die Eisenbahn werden aus dem Teig geschnitten und anschließend gebacken.

Eisenbahn backen

Auch unter dem zucker-süßen Schneemann verbirgt sich dunkler Lebkuchenteig.

nicht ganz einfach, braucht Zeit

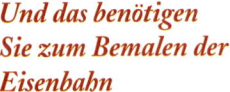

Und das benötigen Sie zum Bemalen der Eisenbahn

- 2 Eiweiß
- 400 g Puderzucker
- verschiedene Lebensmittel-farben

Außerdem:
- 1 dickeren Pinsel
- 1 dünneren Pinsel
- 1 Spritzbeutel mit sehr feiner Öffnung

So wird's gemacht

1. Den Honig mit dem Wasser vermischen und erwärmen. Das Butterschmalz zugeben und schmelzen lassen. Die Mischung mit dem Schneebesen gut verrühren. Etwas abkühlen lassen und das Lebkuchengewürz und den Vanillezucker zufügen und gründlich untermischen.

2. Den Kakao zufügen. Die Pottasche und das Hirschhornsalz mit dem Rosenwasser vermischen und unterrühren. Das Roggenmehl durch ein Sieb in die Honigmischung sieben. Dann nach und nach das Weizenmehl dazusieben und alles glatt rühren. Den Teig 3-4 Stunden ruhen lassen.

3. Den Backofen auf 170 °C (Umluft 150 °C; Gas Stufe 3) vorheizen. Den Teig auf der bemehlten Arbeitsplatte 4-5 mm dick ausrollen. Die Motive mit der Schablone ausschneiden. Auf zwei gefettete Bleche legen und etwa 20 Minuten backen.

tipps & tricks

- Der Lebkuchenteig sollte in einer Folie oder einem Plastikbeutel verpackt mindestens 3-4 Stunden ruhen. Besser noch: Stellen Sie den Teig über Nacht in den Kühlschrank.
- Wenn der Teig zu hart geworden ist, legen Sie ihn in einem gut verschlossenen Plastikbeutel für einige Minuten in heißes Wasser. Dadurch wird er wieder weich und knetbar.
- Sollte der Teig klebrig sein, geben Sie ihn auf die bemehlte Arbeitsplatte und kneten Sie nach und nach etwas Mehl ein, bis er die gewünschte Konsistenz hat.

Lebkuchenteig für 30-60 Motive, je nach Größe der Figuren

Stellen Sie eine Portion dunklen Lebkuchenteig her (Grundrezept siehe Seite 29). Dann wird der Teig auf eine Dicke von etwa 4 mm ausgerollt. Dabei ist es wichtig, dass er gleichmäßig dick ist. Legen Sie die vergrößerten Schablonen der Eisenbahn, der Tannenbäume und des Schneemanns auf den Teig, und schneiden Sie die Figuren mit einem scharfen, spitzen Messer aus. Damit es exakte Kanten gibt, tauchen sie das Messer immer wieder in lauwarmes Wasser. Legen Sie die ausgeschnittenen Motive mit einem Abstand von etwa 3 cm auf das Backblech.

Eisenbahn verzieren

Die lustige Eisenbahn ist ein typisches Bilderbuchmotiv. Da man sie auch noch aufessen kann, ist sie der absolute Hit bei Kindern.

zeitaufwendig, braucht Geduld

Für die Verzierung

1 Die Eiweiße mit dem durchgesiebten Puderzucker zu einer glatten Masse verrühren. Die Masse in verschiedene Portionen teilen, entsprechend der Anzahl der Farben, die Sie verwenden wollen. Behalten Sie etwas weißen Zuckerguss für die Konturen zurück. Diese geben Sie in einen Spritzbeutel mit kleiner Tülle und ziehen zunächst die Konturen nach, bevor Sie die Flächen ausmalen.

2 Färben Sie jetzt die erste Portion der Glasur mit den gewünschten Farben ein, und malen Sie zuerst die großen Flächen aus. Sollte nämlich die Menge nicht ausreichen, können Sie noch etwas mehr Glasur in der Farbe herstellen, die Sie gerade benötigen.

tipps & tricks

- Die Zucker-Eiweiß-Masse zum Bemalen, besonders die weiße für die Konturen, bekommt schnell einen trockenen Film auf der Oberfläche. Rühren Sie 1-2 Tropfen Wasser darunter, dann wird sie wieder geschmeidig.
- Wenn Sie Reste der angerührten Farben 1-2 Tage aufbewahren wollen, decken Sie sie mit Folie ab und stellen Sie sie in den Kühlschrank. Vor dem nächsten Gebrauch rühren Sie tropfenweise kaltes Wasser unter die Masse, bis sie wieder glatt ist.

Und das brauchen Sie zum Bemalen der Eisenbahn

- *2 Eiweiß*
- *400 g Puderzucker*
- *verschiedene Lebensmittelfarben*
- *Hagelzucker*
- *bunte Zuckerkugeln*

Außerdem:
- *1 dickeren Pinsel*
- *1 dünneren Pinsel*
- *1 kleinen Spatel*
- *1 Spritzbeutel mit sehr feiner Öffnung*

Wie die Eisenbahn bemalt wird, sehen Sie links. Lassen Sie sich durch kleine Pannen nicht entmutigen. Durch aufgeklebte Zuckerkugeln, -streusel oder anderen Zuckerschmuck kann man aus einem Patzer eine tolle Verzierung machen. Was immer sie auf die Glasur streuen wollen, es muss sofort geschehen, damit es hält.

Wer es lieber vollwertiger mag, nimmt statt des bunten Zuckergusses und der fertigen Zuckerverzierungen Rosinen, Mandelhälften, Pinienkerne, gehackte Pistazien, kandierte oder fein gehackte, getrocknete Früchte. Als Klebstoff dient Honig, den Sie etwas erhitzen und dünn auf die Flächen streichen, die Sie verzieren wollen.

Die Zucker-Eiweiß-Masse können Sie übrigens durch ein paar Tropfen Zitronen-, Orangen- oder Vanilleessenz (gibt es in kleinen Flaschen im Supermarkt) aromatisieren.

Auch weiße, helle oder dunkle Kuvertüre ist eine köstliche Variante für die Lebkucheneisenbahn. Außerdem geht es ganz einfach: 300 g Kuvertüre schmelzen und die Lokomotive und die Waggons damit bestreichen. Wenn der Schokoladenzug schließlich trocken ist, stellen Sie aus 1 Eiweiß und 250 g Puderzucker eine Zuckermasse her, die in eine kleine Spritztüte mit einem winzigen Loch gefüllt wird. Damit ziehen Sie die Konturen nach, die auf der Schablone eingezeichnet sind.

Pfeffernüsse

Pfeffernüsse haben
Tradition, und jede
Region hat ihre eigenen
Rezepte entwickelt.
Dieses stammt aus
Hessen.

einfach

Rezept für ca. 80 Pfeffernüsse

- 5 Eier
- 500 g Zucker
- abgeriebene Schale 1 unbehandelten Zitrone
- 1 Prise Salz
- je 1 Msp. Zimt, geriebene Muskatnuss, gemahlener Ingwer, Piment, gemahlener Kardamom und Lebkuchengewürz
- 3 Msp. weißer Pfeffer
- je 60 g fein gehacktes Zitronat und Orangeat
- 1 Msp. Hirschhornsalz
- 750 g Mehl

Außerdem:
Backpapier

1. Die Eier schaumig rühren, dabei den Zucker einrieseln lassen. Zitronenschale, Salz, Gewürze, Zitronat und Orangeat und das in Rum aufgelöste Hirschhornsalz mit dem Mehl dazugeben und mit dem Knethaken des Rührgerätes zu einem glatten Teig verarbeiten. Über Nacht zugedeckt kalt stellen.

2. Den Backofen auf 180 °C (Umluft 160 °C; Gas Stufe 3) vorheizen. Aus dem Teig kleine Kugeln formen (ca. 2 cm ø). Wenn sie kleben, in etwas Mehl wälzen.

3. Ein Backblech mit Backpapier auslegen, die Pfeffernüsse darauf setzen und auf der mittleren Schiene etwa 20 Minuten backen. Gut auskühlen lassen.

Natürlich gibt es auch sehr gute Pfeffernüsse beim Bäcker, aber die selbst gebackenen schmecken natürlich am besten.

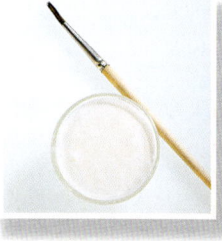

1 Für die Verzierung der Pfeffernüsse brauchen Sie 250 g Puderzucker, 2 EL Wasser, einige Tropfen Rumaroma und roten Zucker. Den Puderzucker durch ein Sieb in ein Schälchen geben und mit dem Wasser glatt rühren. Die Glasur portionsweise in eine Spritztüte mit einer sehr feinen Lochtülle geben.

2 Die Pfeffernüsse auf einem Kuchengitter dicht nebeneinander setzen. Die Puderzuckerglasur in feinen Zickzacklinien auf das Gebäck spritzen. Anschließend mit dem roten Zucker bestreuen. Mit ein paar Tropfen Lebensmittelfarbe können Sie die Puderzuckerglasur auch nach Belieben einfärben.

Spaß
auf der
Eisbahn

Die Bärchen sind die absoluten
Lieblingsmotive der Kinder.
Man kann sie aus hellem oder
dunklem Lebkuchenteig herstellen.
In jedem Fall sind sie für alle eine
ganz besondere Weihnachtsfreude.

Bären backen

Verschenken Sie doch mal Bären zu Weihnachten. Je nach Größe der Schablonen können Sie viele kleine oder einige große hübsch verpacken.

braucht etwas Zeit

1 Den Honig und das Wasser erwärmen. Das Butterschmalz darin schmelzen. Die Mischung mit dem Schneebesen verrühren und etwas abkühlen lassen. In eine Rührschüssel geben und Zimt, Lebkuchen-gewürz, Vanillezucker und Rosenwasser untermischen. Mit Backpulver, Roggenmehl und Weizenmehl verkneten.

2 Den Teig über Nacht oder mindestens 4 Stunden ruhen lassen. Den Backofen auf 170 °C (Umluft 150 °C; Gas Stufe 3) vorheizen. Auf der bemehlten Arbeitsfläche am besten kleine Teigstücke gleichmäßig dick etwa 4-5 mm ausrollen.

3 Das Ausschneiden mit Hilfe der vergrößerten Schablonen fällt bei den kleinen Teigstücken leichter. Legen Sie jeweils ein Motiv darauf, und schneiden Sie mit einem spitzen Messer die Figur aus. Die Bären auf ein gefettetes Backblech legen und 20 Minuten backen. Gut auskühlen lassen.

Wenn Sie mögen, geben Sie ruhig 100 g gemahlene Mandeln oder Haselnüsse unter den Teig. Bei den gehackten Zutaten müssen Sie beachten, dass man sie nach dem Backen sieht, da sie Unebenheiten auf der Teigoberfläche verursachen. Gerade für das Bemalen der Bären ist es jedoch wichtig, dass der Teig glatt ist.

Wenn Sie die Bären als Anhänger für Geschenke oder als Baumschmuck verwenden wollen, stechen Sie gleich nach dem Backen mit einer dicken Stricknadel vorsichtig ein Loch durch die obere Hälfte der Bärenfiguren.

tipps & tricks

- Auch die Bären sind ein hübsches und leckeres Geschenk für kleine wie für große Kinder, entweder einzeln verpackt oder als ganzes Bärenbild.
- Backen Sie ruhig viele von den kleinen Kerlen, denn sie werden bestimmt schnell aufgegessen.

Heller Lebkuchenteig

Die Zutaten für eine Portion hellen Lebkuchenteig finden Sie auf Seite 9. Eine Portion Teig ergibt etwa 30-60 Bären, je nach Größe der Figuren.

Bären
verzieren

Die niedlichen kleinen Bären machen sich auch gut als Schmuck für den Weihnachtsbaum oder als Geschenkanhänger.

erfordert etwas Geduld

1 Die Gesichter sind wohl das Schwierigste beim Bemalen der Bären, aber mit einem Trick geht es ganz einfach: Legen Sie die Schablone auf den gebackenen Bären, und stechen Sie mit einer Nadel an allen markanten Punkten durch das Papier. Dann brauchen Sie z.B. die Augen oder die Nase nur noch mit Zuckerguss nachzuvollziehen.

2 Dann werden mit einer sehr feinen Lochtülle oder einem Spritzbeutel alle Konturen nachgezogen. Dabei muss zügig und mit gleichmäßigem Druck auf den Spritzbeutel gearbeitet werden, damit die Linien gerade und nicht verwackelt sind.

3 Mischen Sie immer nur eine oder zwei Farben an, damit sie nicht eintrocknen. Dann malen Sie die kleinen Felder mit einem Pinsel und die größeren mit einem kleinen Holzspatel aus. Anschließend lassen Sie die Bären gut trocknen.

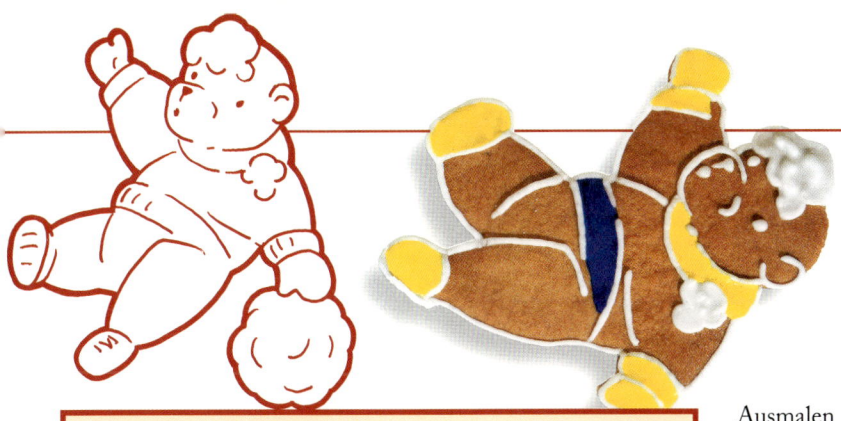

tipps & tricks

- Legen Sie die Bärenfiguren zum Bemalen auf Backpapier. Das erspart Ihnen den Abwasch, denn Sie werfen es sowieso nach Gebrauch weg.
- Wenn die Zuckerglasur während des Arbeitens etwas fest wird, tröpfchenweise Wasser oder Zitronensaft unterrühren.

Und das brauchen Sie zum Bemalen der Bären

- *2 Eiweiß*
- *400 g Puderzucker*
- *verschiedene Lebensmittelfarben*

Außerdem:
- *je 1 dickeren und dünneren Pinsel*
- *1 kleinen Spatel*
- *1 Spritzbeutel mit sehr feiner Öffnung*

Die Bären sehen übrigens auch sehr hübsch aus, wenn Sie nur die Konturen nachziehen und auf das bunte

Ausmalen ganz verzichten. Kleine Schleckermäuler mögen Schokoladenbären ganz besonders gerne: Bestreichen Sie die Bären mit heller und dunkler Kuvertüre, und ziehen Sie die Konturen nach, nachdem die Figuren getrocknet sind. Eisbären werden dünn mit weißer Zuckerglasur bestrichen und bekommen ihre Konturen direkt aus der Farbentube, etwa blaue Augen, eine rote Nase etc.

Springerle

Springerle gehören
zu den klassischen
Weihnachtsrezepten.
Sie sind außerdem ein
besonders hübsches
Gebäck.

zeitauf-
wendig

Rezept für ca.
40 Springerle
• 2 Eier
• 250 g Zucker
• 2 Päckchen Vanillezucker
• 1 Prise Salz
• 250 g Mehl
• 1 Msp. Hirschhornsalz
Außerdem: Mehl für die
Model und das Backblech,
4 EL Anissamen

1. Die Eier in einer Schüssel
mit dem Zucker und dem
Vanillezucker mit dem Hand-
rührgerät auf höchster Stufe
schaumig schlagen.
2. Mehl und Hirschhorn-
salz mischen und unterheben.
Notfalls Mehl zufügen, damit
der Teig fest und formbar

wird. 1 Stunde kühl stellen.
3. Den Teig auf der bemehlten Arbeitsfläche 5 mm dick
ausrollen. Die Model mit
Mehl bestäuben, auf den Teig
legen und kurz, aber fest
andrücken. Die Model vor
jedem Ausstechen neu mit
Mehl bestäuben.
4. Zwei Backbleche zuerst mit
Mehl, dann mit Anissamen
bestreuen. Die Springerle
entlang des Modelrandes
ausschneiden und je 20
Stück auf ein Backblech
setzen. Über Nacht
trocknen lassen.
5. Bei 150 °C
(Umluft 130 °C;
Gas Stufe 2)
35 Minuten
backen.

Das
Ge-
bäck
ist
nach
dem
Backen
meist hart.
Springerle
zum Naschen
deshalb
mit Apfel-
schnitzen in eine
gut schließende
Dose schichten dann
sind sie in etwa einer
Woche
richtig
gut.

1 Springerle werden gerne als Baumschmuck verwendet. Dafür wird in jedes Springerle sofort nach
dem Backen mit einer dicken Stricknadel ein Loch
gestochen. Nicht zu dicht an der Oberkante, damit der
Rand beim Aufhängen nicht durchbrechen kann. Dann
muss das Gebäck auskühlen und trocknen. Wer will,
kann es anschließend bunt bemalen.

2 Für den Guss benötigen Sie 250 g Puderzucker,
2-3 EL Zitronensaft und Lebensmittelfarben. Den
Puderzucker durchsieben und mit dem Zitronensaft
glatt rühren. Kleinere Portionen der Glasur mit verschiedenen Farben einfärben und auf die Springerle streichen.
Gut trocknen lassen. Dann ein Band durch das Loch ziehen
und aufhängen.

Bald
ist es
so weit

*Damit die Zeit vor Weihnachten
nicht so lange wird, gibt es jeden
Morgen einen Lebkuchen, sozusagen
als Vorfreude auf Weihnachten.
Alle Figuren tragen eine Zahl,
damit keiner mogeln kann.*

Dunkler Lebkuchenteig zum Naschen – Grundrezept

*Der Adventskalender
aus Lebkuchenteig ist
eine tolle Überraschung
für Groß und Klein.*

leicht

1 Den Honig mit dem Wasser vermischen und erwärmen. Das Schmalz zufügen und schmelzen lassen. Dann den Kakao zufügen, die Mischung mit dem Schneebesen verrühren und abkühlen lassen. Das Lebkuchengewürz, die Zitronenschale und die Eier zufügen und gründlich unterrühren.

2 Das Roggenmehl in die Honigmischung sieben und mit dem Knethaken des Handrührgerätes vermischen. Das Weizenmehl mit den Mandeln und dem Orangeat vermischen und nach und nach zugeben. Die Pottasche und das Hirschhornsalz mit 3 EL Wasser verrühren, zufügen und alles zu einem glatten Teig verarbeiten. Den Teig zugedeckt 2 Stunden ruhen lassen.

3 Den Backofen auf 170 °C (Umluft 150 °C; Gas Stufe 3) vorheizen. Den Teig auf der bemehlten Arbeitsfläche 3-4 mm dick ausrollen. Die Motive ausstechen oder ausschneiden. Auf ein gefettetes Backblech legen und etwa 20 Minuten backen. Sofort danach mit einer dicken Stricknadel ein Loch in die Mitte des oberen Drittels der Motive stechen. Wichtig: Behalten Sie einen Teil des Teigs übrig. Aus ihm werden die Stege zur Befestigung der einzelnen Motive gebacken (siehe Seiten 56/57).

tipps & tricks

- Für den Adventskalender können Sie genauso gut den hellen Lebkuchenteig nehmen.
- Hier können Sie praktisch jede Ausstechform verwenden, die Ihnen gefällt, nur sollten alle Figuren die gleiche Größe haben.

Mandeln können problemlos gegen Haselnüsse ausgetauscht werden. Und wenn Ihre Kinder gerne Erdnüsse oder Pistazien essen, geben Sie statt der Mandeln 75 g gehackte und 75 g gemahlene Erdnüsse oder Pistazien dazu. Besonders aromatisch werden die Nüsse, wenn Sie sie vor dem Hacken und Mahlen auf dem Backblech oder in der Pfanne ohne Fett rösten. Saftig wird der Lebkuchen, wenn Sie statt des Orangeats oder Zitronats – was Kinder meistens nicht besonders mögen – 100 g gehackte Rosinen unter den Teig heben.

Die Löcher zum Aufhängen der Figuren können Sie gleich mitbacken: Stecken Sie ein Stück Makkaroni an die Stelle, wo später das Loch sein soll.

Grundrezept
für dunklen Lebkuchenteig zum Naschen

- 650 g Honig
- $1/4$ l Wasser
- 100 g Butterschmalz
- 2 EL Kakao
- 1 Päckchen Lebkuchengewürz
- abgeriebene Schale von 1 unbehandelten Zitrone
- 2 kleine Eier
- 200 g Roggenmehl
- 700 g Weizenmehl
- 80 g gemahlene Mandeln
- 100 g sehr fein gehacktes Orangeat
- 15 g Pottasche
- 5 g Hirschhornsalz

Außerdem:
Mehl zum Ausrollen,
Fett für das Blech

Diesen Teig können Sie ganz nach eigenem Geschmack mit verschiedenen Zutaten anreichern, da ja alle Figuren bestimmt gegessen werden und nicht aufgehoben werden sollen.

Adventskalender backen

Ins Fenster gehängt sieht der Advents-kalender besonders hübsch aus.

kinderleicht

1 Den restlichen Teig nochmals gründlich durchkneten und auf der bemehlten Arbeitsfläche gleichmäßig etwa 4-5 mm dick ausrollen (die Stege müssen etwas stabiler sein). Dann schneiden Sie den Teig in vier etwa 35 cm lange und 8 cm breite Rechtecke.

2 Achten Sie darauf, dass die Stücke gleich lang sind. Nun stechen Sie mit kleinen Ausstechern, wie Herzen, Sternen, Glocken, Monden etc., eine gleichmäßige Reihe aus dem Steg. Die Kanten sollen sehr genau sein, deshalb tauchen Sie die Ausstecher immer wieder einmal ins Wasser. Legen Sie die Stege vorsichtig auf ein mit Backpapier ausgelegtes Backblech.

3 Die Stege werden bei 170 °C (Umluft 150 °C; Gas Stufe 3) etwa 20 Minuten gebacken. Wenn sie gut ausgekühlt sind, verrühren Sie 200 g Puderzucker mit 2 EL Wasser zu einer glatten Masse, füllen sie in eine Spritztüte mit kleiner Tülle und spritzen hübsche Verzierungen auf die Stege.

tipps & tricks

- Einige besonders hübsche Lebkuchen können Sie auch in buntes Zellophan einwickeln und wie Bonbons mit bunten Bändern verpacken.
- Für besondere Tage, z.B. 6. Dezember oder 24. Dezember, können Sie spezielle Lebkuchenmotive, beispielsweise einen Nikolaus oder einen Engel, an den Adventskalender hängen.

Wer die Löcher nicht gleich mitgebacken hat, sticht unmittelbar nach dem Backen mit einer dicken Stricknadel vorsichtig ein kleines Loch in die Figuren.

Bevor Sie mit dem Bemalen der Lebkuchen beginnen, lassen Sie die Motive lange genug – am besten 24 Stunden – auf einem Kuchengitter auskühlen. Denn sonst verziehen sich die Figuren, und die Glasur bekommt Risse. Wenn Sie die Motive mit Zuckerschmuck verzieren wollen, müssen Sie darauf achten, dass er gut an den Motiven klebt und nicht abfallen kann.

Nach dem Glasieren und Verzieren lassen Sie die Lebkuchen bei Zimmertemperatur trocknen. Im Kühl-

schrank werden Glasuren leicht fleckig. Dies gilt besonders für Schokoladenüberzüge, die schnell einen hässlichen weißen Film bekommen.

Wer die Lebkuchen mit Kuvertüre überziehen will – was sich besonders gut eignet, wenn man den Adventskalender einem erwachsenen Menschen schenken will –, kann mit weißer, heller und dunkler Kuvertüre arbeiten. Zum Beispiel kann man auf dunkle Schokolade helle Ornamente spritzen.

Adventskalender basteln

Jetzt gilt es nur noch, den richtigen Platz für den Adventskalender zu finden.

Adventskalender nach dem Strickleiterprinzip

einfach

Verbinden Sie die vier Stege im gleichen Abstand voneinander mit den Bändern an den äußeren ausgestochenen Löchern. Die Abstände müssen groß genug sein, um alle 24 Lebkuchenmotive so anzubringen, dass Sie frei hängen. Den ganzen Kalender können sie ins Fenster hängen, indem Sie die oberen beiden Bänder an den kleinen Haken befestigen, die beispielsweise die Stangen der Spanngardinen halten. Sie können die Bänder der Stege auch mit Hilfe von zwei Nägeln an die Wand hängen.

Adventskalender nach dem Mobileprinzip

Sie besorgen sich zwei Holzleisten (à 90 cm) und bohren jeweils ein Loch in die äußeren Enden und in die Mitte der Leisten. Dann verleimen Sie sie in der Mitte zu einem Kreuz. Lassen Sie den Leim gut trocknen, bevor Sie durch das mittlere Loch die beiden Enden eines etwa 1 m langen Bandes ziehen und so verknoten (eventuell ein kleines Stück Holz in den Knoten schieben), dass es nicht durch das Loch rutschen kann. Die Lebkuchenstege jeweils an die äußeren Enden der Leisten hängen. Dafür ziehen Sie ein etwa 1 m langes Band durch die beiden inneren ausgestochenen Löcher der Lebkuchenstege und verknoten sie an den Löchern der Holzleisten. Jetzt können Sie den Adventskalender z. B. unter eine Lampe oder in einen offenen Türrahmen hängen. Zum Schluss befestigen Sie die Figuren mit den Bändern an den Stegen.

tipps & tricks

- Sieht auch hübsch aus: nur rechteckige Lebkuchen ausschneiden und große Zahlen darauf schreiben
- Lassen Sie die fertig verzierten Lebkuchen mindestens 24 Stunden trocknen, allerdings nicht an der Luft, sondern in einem verschlossenen Kasten oder einem Plastikbehälter. Dann hängen Sie die Motive an die Stege und die Stege unter die Lampe, ins Fenster oder einfach an die Wand.

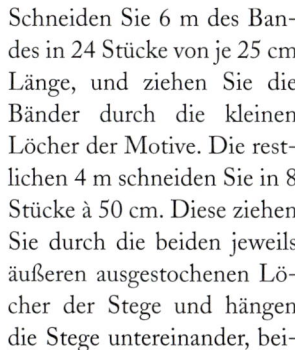

Und so wird's gemacht

Sie brauchen:

- *10–15 m rotes, grünes oder goldenes Band, ca. 1 cm breit, oder eine Kordel in entsprechender Länge*
- *einige Heftzwecken*
- *2 Holzleisten à 90 cm*
- *Holzleim*

Schneiden Sie 6 m des Bandes in 24 Stücke von je 25 cm Länge, und ziehen Sie die Bänder durch die kleinen Löcher der Motive. Die restlichen 4 m schneiden Sie in 8 Stücke à 50 cm. Diese ziehen Sie durch die beiden jeweils äußeren ausgestochenen Löcher der Stege und hängen die Stege untereinander, bei-

spielsweise an ein Fenster, wo Sie die Bänder mit den Heftzwecken am Fensterrahmen problemlos befestigen können. Nun ist es ganz einfach, die Lebkuchenfiguren so an den Stegen zu befestigen, wie Sie es möchten. Sie können die Figuren der Reihe nach aufhängen, also von 1 bis 24, oder kunterbunt durcheinander. Wer möchte, kann auch verschieden lange Bänder schneiden, sodass die Figuren in unterschiedlicher Länge hängen.

Hirtenstäbchen

Die Hirtenstäbchen sind nicht nur bei kleinen, sondern auch bei großen Schleckermäulern sehr beliebt.

einfach, schnell

Rezept für ca. 60 Stück

- *2 Eier*
- *2 EL Vanillezucker*
- *100 g brauner Zucker*
- *75 g Honig*
- *2 TL Zimtpulver*
- *250 g Mehl*
- *50 g Rosinen*
- *100 g gehackte Mandeln*
- *100 g Schokoraspel*

Außerdem: Backpapier

1. Die Eier und 1 EL warmes Wasser mit dem Schneebesen des Rührgerätes schaumig rühren. Vanillezucker, braunen Zucker und Honig unterrühren, bis sich der Zucker gelöst hat.

2. Dann das Zimtpulver und das Mehl vorsichtig unter-heben. Weiterrühren, bis die Masse cremig ist.

3. Die Rosinen klein schneiden und zufügen. Die gehackten Mandeln und die Schokoraspel nach und nach zufügen und alles unter den Teig rühren.

4. Den Backofen auf 175 °C (Umluft 155 °C; Gas Stufe 3) vorheizen. Ein Backblech mit Backpapier auslegen und die Teigmasse darauf verstreichen. Im Backofen etwa 15 Minuten backen. Herausnehmen und in etwa 5 cm lange Streifen schneiden. Auskühlen lassen.

Wie viele alte Lebkuchenrezepte sind auch die Hirtenstäbchen ein Familien- oder Klosterrezept, das zuerst durch mündliche Überlieferung weitergegeben und eines Tages aufgeschrieben wurde.

1 Für die Glasur und die Verzierung brauchen Sie 150 g dunkle Kuvertüre, 100 g Kokosraspel und 75 g gemahlene Pistazien. Die Kuvertüre im heißen Wasserbad schmelzen, die Kokosraspel und die gemahlenen Pistazien jeweils auf einen Teller streuen. Die Hirtenstäbchen halb in die Kuvertüre tauchen.

2 Dann die Hirtenstäbchen mit dem eingetauchten Ende in den Kokosraspeln und mit dem anderen Ende in den gemahlenen Pistazien wälzen. Die Plätzchen nicht zu dicht nebeneinander auf ein Kuchengitter oder Backpapier legen und einige Stunden im Kühlen trocknen lassen.

Knusper, knusper, knäuschen...

Dieses süße Häuschen sorgt schon beim Backen für richtige Weihnachtsstimmung. Und beim Verzieren hat die ganze Familie ihre Freude. Wer jedoch meint, zum Aufessen sei das gute Stück zu schade, der hat etwas derart Köstliches noch niemals probiert.

Einfaches
Hexenhäuschen

*Dieses Hexenhäuschen können
auch Kinder – mit ein klein
wenig Hilfe – zusammenbauen
und dekorieren.*

leicht

**So sieht der
Bauplan aus:
Lassen Sie sich
den Plan im
Copyshop auf die
von Ihnen ge-
wünschten Maße
vergrößern, über-
tragen Sie ihn auf festes Papier oder dünne Pappe,
und schneiden Sie die einzelnen Teile mit einer scharfen Schere ganz exakt aus.**

Hexenhäuschen dekorieren

Mit kleinen Glühlämpchen im Innern kann man das Häuschen sogar zum Leuchten bringen.

einfach, braucht etwas Zeit

1 Rollen Sie den hellen Lebkuchenteig gleichmäßig aus. Legen Sie die Schablonen darauf, und schneiden Sie die einzelnen Teile mit einem spitzen Messer aus. Den Teigrest rollen Sie für die Bodenplatte rund aus. Dann werden die Teile auf ein gefettetes Backblech gelegt und gebacken.

2 Damit sich die Fensteröffnungen beim Backen nicht verziehen, schneiden Sie sie erst nach dem Backen aus: Legen Sie die Schablonen auf die Hausteile, und schneiden Sie die Fenster und Türen mit der Messerspitze entlang der Innenkanten ein.

3 Dann nehmen Sie die Schablonen herunter, fahren vorsichtig mit dem Messer unter die Schnittstelle und heben die Teigstücke vorsichtig heraus. Längs halbiert, werden sie zu Fensterläden, die Sie links und rechts neben die Fenster kleben können.

So wird das Hexenhaus gebaut

Verkleben Sie zuerst je ein Giebelteil mit einer der Hauswände.

Dann setzen sie beide Hausteile zusammen, verkleben die Kanten und befestigen den Unterbau mit Zuckerguss auf der Bodenplatte.

Anschließend setzen Sie die beiden Dachteile auf den Unterbau und verkleben sie ebenfalls sorgfältig. Zum Schluss setzen Sie den Schornstein zusammen, verkleben ihn und befestigen ihn auf dem Hausdach. Nun werden auch noch die Fensterläden und die Tür angebracht. Und jetzt verzieren Sie das Haus ganz nach Ihrem Geschmack.

tipps & tricks

• Beim Verzieren des Hauses kann sich die Fantasie Ihrer Kinder voll entfalten. Neben Smarties gibt es noch viele andere süße Sachen, mit denen man das Dach decken kann. Außerdem finden Sie im Lebensmittelhandel fertige Zuckermotive, Blümchen, Dinosaurier etc., die man im Hexengarten unterbringen kann.

• Das Dach kann übrigens auch mit Lebkuchenplätzchen, z.B. den Hirtenstäbchen, gedeckt werden.

Für das Hexenhäuschen benötigen Sie
• *1 Portion hellen Lebkuchenteig (Grundrezept siehe Seite 9)*

Als Klebstoff verwenden Sie Zuckerguss
• *250 g Puderzucker*
• *1 Eiweiß*

Für die Dekoration brauchen Sie
• *Smarties*
• *bunte Zuckerkugeln*
• *Zuckermotive und -figuren*

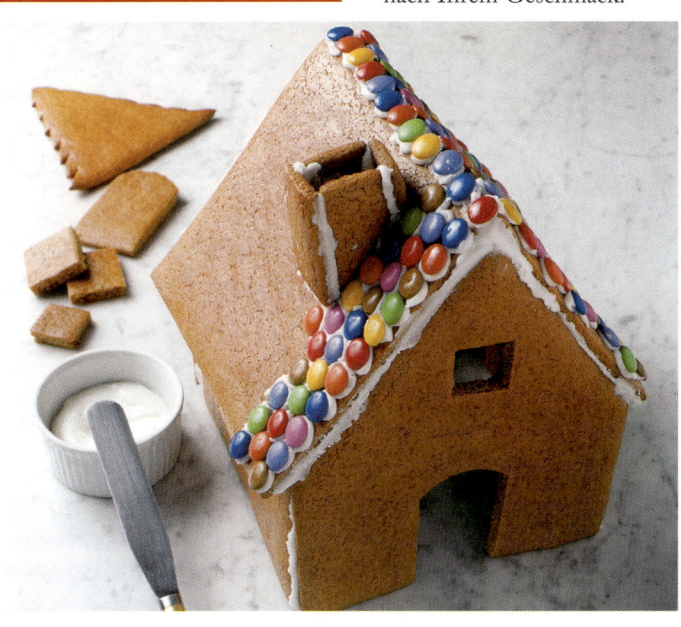

Knusperhaus
für Fortgeschrittene

*Winterzauber
entsteht, wenn das
Knusperhaus zum
Schluss mit Puder-
zuckerschnee berieselt
wird.*

braucht Zeit
und Geduld

1 Den Backofen auf 170 °C (Umluft 150 °C; Gas Stufe 3) vorheizen. Den Teig halbieren und eine Hälfte genau auf Backblechgröße ausrollen. Auf das eingefettete Backblech legen und den Teig im Backofen 25 Minuten backen. Etwas abkühlen lassen, vorsichtig herunternehmen und auf einem Kuchengitter abkühlen lassen.

2 Die zweite Teighälfte am besten zwischen zwei 5 mm dicken Holzleisten ebenfalls auf Backblechgröße ausrollen, damit er gleichmäßig dick wird. Wenn Sie zwei Backbleche haben, können Sie beide Teigflächen gleichzeitig backen. Ansonsten verfahren Sie mit diesem Teig genau wie oben. Aus den Teigresten backen Sie zwei 20 und 45 cm lange und 4 cm breite Lebkuchenstege für den Zaun.

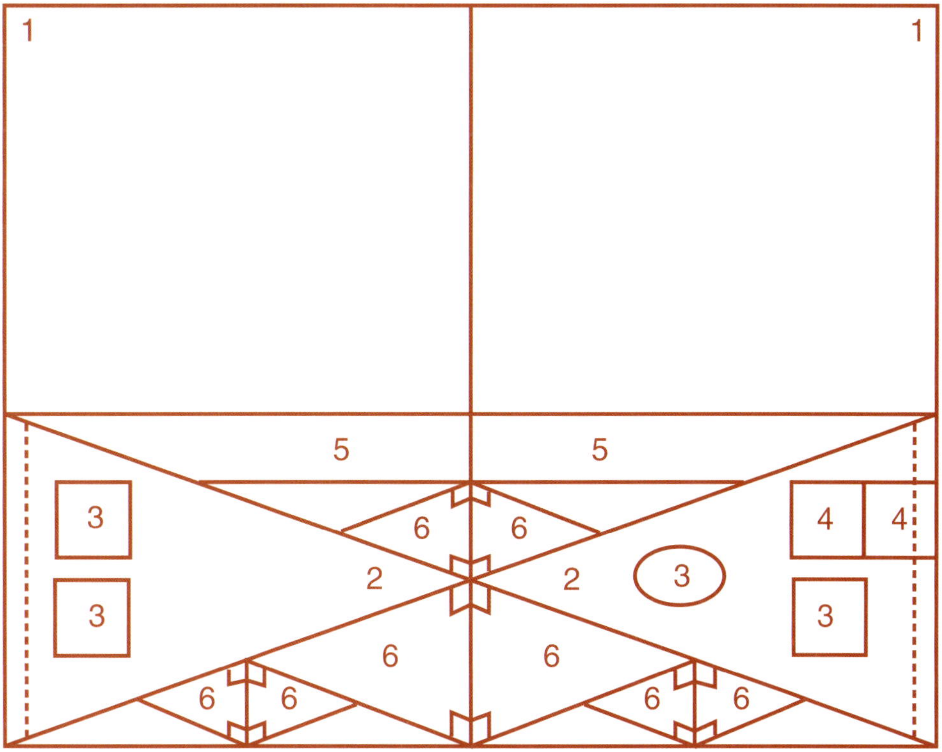

| 1 | | | 1 |

5 5

3

6 6

4 4

2 2 3

3

6 6

3

6 6 6 6

1 Dachhälften, 2 Giebel, 3 Fenster, 4 Tür, 5 Kamin, 6 Bäume

Für das Knusperhaus brauchen Sie

- *1 Portion dunklen Lebkuchenteig (Grundrezept siehe Seite 29)*

Als Klebstoff verwenden Sie Zuckerguss

- *400 g Puderzucker*
- *2 Eiweiß*

Weitere Zutaten

- *Puderzucker für den Schnee*
- *Hagelzucker*
- *selbst gebackenes Lebkuchengebäck als Dachziegel*
- *selbst gebackene Vanillekipferl für den Zaun (Rezept siehe Seite 71)*

So wird das Knusperhaus gebaut

Den Plan lassen Sie sich im Copyshop auf Backblechmaße vergrößern. Dann schneiden Sie die Papierteile aus und setzen sie zunächst probeweise zusammen. Wenn alles passt, schneiden Sie die Lebkuchenteile aus der zweiten Teigplatte aus. Dabei die

Knusperhaus Dekoration

Fenster (3) und Tür (4) nicht vergessen. Verwenden Sie ein scharfes, spitzes Messer, um exakte Kanten zu erhalten.

Die erste Teigplatte dient als Bodenplatte, auf der das

Übrigens: Wer das Knusperhaus von innen mit kleinen Glühlämpchen beleuchten möchte, bringt vor dem Zusammensetzen rote Blattgelatine hinter den Fenstern an. Das

tipps & tricks

- Wenn es keine Nüsse, Rosinen oder andere Zusätze enthält, kann man das Knusperhaus, gut verpackt, ohne Weiteres bis zum nächsten Jahr aufbewahren.
- Stellen Sie die Bäume und den Zaun erst auf, wenn das Knusperhäuschen fertig gebaut ist. Wenn Sie die Teile vor der Montage verzieren, müssen Sie sie unbedingt gut trocknen lassen.

Knusperhaus steht. Zuerst befestigen Sie die beiden Giebelteile (2) im abgemessenen Abstand voneinander mit Zuckerguss auf der Bodenplatte. Notfalls stützen Sie die Teile vorsichtig mit Klötzchen ab. Dann kleben Sie die beiden Dachhälften (1) sorgfältig an. Die Teile des Schornsteins (5) verkleben Sie fest miteinander, bevor Sie ihn am Dach mit Zuckerguss befestigen. Auch für alle Dekorationen ist der Zuckerguss der »Mörtel«. Aus den Teigresten (6) schneiden Sie die Tannenbäume aus.

gibt ein sehr schönes Licht. Es gibt unzählige Möglichkeiten, das Knusperhäuschen zu verzieren. Wer keine zusätzlichen Plätzchen mehr backen will, kann natürlich ebenso gut gekauftes Gebäck verwenden. Auch der Zaun kann ohne Weiteres aus anderem Gebäck gebaut werden, er braucht nur die Stege als Stütze.

Und wer zur Abwechslung einmal nichts Gebackenes verwenden will, kann auf Pralinen, Marzipan- und Gelee- früchte oder auf süßen Weihnachtsbaumschmuck aus zuckersüßem Fondant zurückgreifen.

Das Mehl auf eine Arbeitsfläche sieben. Mit dem Löffel eine Mulde eindrücken, Zucker und Salz einstreuen. Das Ei hineingeben. Die gut gekühlte Butter in Würfel schneiden und auf

Jede Scheibe zu einem kleinen Kipferl formen und auf das Backblech setzen Im vorgeheizten Ofen bei 220 °C 10 Minuten backen. Die Kipferl sollen hell bleiben.
Puderzucker und Vanillezucker auf eine Arbeitsfläche geben und die Kipferl noch warm darin wälzen.
Die Vanillekipferl werden nach dem Abkühlen mit erhitztem Honig auf die Lebkuchenstege geklebt. Für diese etwas klebrige Bastelei sollten Sie sich etwas Zeit nehmen, damit der Zaun auch hübsch aussieht.

tipps & tricks

• Bereiten Sie doch gleich mehr Lebkuchenteig zu. Sie können daraus weitere Figuren ausstechen, backen und als zusätzliche Dekoration anbringen.

Vanillekipferl
Rezept für ca. 50 Kipferl

• 275 g Mehl
• 125 g Zucker
• 1 Prise Salz
• 1 Ei
• 200 g kalte Butter
• 100 g gemahlene Mandeln
• ausgekratztes Mark von
  1 Vanilleschote

Außerdem:
Mehl oder Backpapier für
das Blech, Puderzucker und
2 Päckchen Vanillezucker,
3 EL Bienenhonig

das Mehl setzen. Mandeln und Vanillemark zufügen und mit einem Messer alles gründlich darin durchhacken. Dann zu einem glatten Teig verkneten. Den Teig zu einer Kugel formen und für 1 Stunde in den Kühlschrank legen.
Ein Backblech mit Backpapier belegen. Die Teigkugel zu einer langen Rolle von etwa 2 cm Durchmesser formen und in 1 cm breite Scheiben schneiden.

Nürnberger Lebkuchen

Wer es schafft, lässt die Lebkuchen am besten noch etwa 3 Wochen durchziehen – dann sind sie so richtig lecker.

braucht Zeit

Rezept für ca. 30 Lebkuchen

- 200 g Honig
- 50 g brauner Zucker
- 1 Eigelb
- 1 Prise Salz
- 1 EL Kakao
- abgeriebene Schale von 1 unbehandelten Zitrone
- 2 TL Lebkuchengewürz
- 2 TL Pottasche
- 300 g Mehl
- 100 g Mandelstifte
- je 50 g fein gehacktes Orangeat und Zitronat

Außerdem: Mehl zum Ausrollen und Fett für das Backblech

1. Honig und Zucker erhitzen, bis sich der Zucker aufgelöst hat. Abkühlen lassen.

2. Das Eigelb, den Kakao, die Zitronenschale, das Lebkuchengewürz und das Mehl unter die Mischung rühren. Die Pottasche mit 2 EL Wasser glatt rühren und dazugeben.

3. Mit Mehl, Mandelstiften, Orangeat und Zitronat zu einem Teig verkneten und auf dem bemehlten Brett gut 1 cm dick ausrollen. Runde Lebkuchen von 8 cm ø ausstechen und im vorgeheizten Backofen bei 180 °C (Umluft 160 °C; Gas Stufe 3) ca. 20 Minuten backen.

Nürnberg war früher Zentrum des Gewürzhandels, daher haben die Nürnberger Lebkuchen eine sehr alte Tradition. Schon während des Mittelalters schätzte man die stärkende Wirkung der orientalischen Gewürze im Lebkuchen.

1 Für die dunklen Lebkuchen benötigen Sie 100 g dunkle Kuvertüre, 50 g geschälte Mandeln und 50 g kandierte Kirschen. Die Kuvertüre im heißen Wasserbad schmelzen und die Hälfte der Lebkuchen damit bestreichen. Auf einem Kuchengitter etwas antrocknen lassen und wie auf dem Foto mit Mandeln und Kirschen verzieren. Anschließend trocknen lassen.

2 Für die hellen Lebkuchen brauchen Sie 125 g Puderzucker und 2-3 EL Wasser. Den Puderzucker durch ein Sieb in ein Schälchen geben und mit dem Wasser glatt rühren. Die restlichen Lebkuchen damit bestreichen, etwas antrocknen lassen und mit Mandeln oder kandierten Kirschen verzieren.

Weihnachtsbäume

Die Weihnachtsbäume für den Tisch sehen nicht nur besonders hübsch aus, sie füllen den Raum auch mit herrlichem Lebkuchenduft. Außerdem können sie während der Adventszeit Stück für Stück verzehrt werden.

Weihnachtsbaum backen

Die Herstellung der Weihnachtsbäume erfordert zwar etwas Geduld, dafür lohnt es sich aber um so mehr.

erfordert etwas Geduld

1 Den Teig halbieren. Eine Hälfte auf der bemehlten Arbeitsfläche mit einem Nudelholz innerhalb des aus den Holzleisten gefertigten Rechteckes (15 cm x 30 cm) gleichmäßig dick ausrollen. Dann diagonal in zwei gleich große Teile schneiden. Mit der zweiten Hälfte genauso verfahren. Die Teile flach auf zwei gefettete Backbleche legen (eventuell leicht andrücken).

2 Im vorgeheizten Ofen bei 170 °C (Umluft 150 °C; Gas Stufe 2) 25 Minuten backen und auf einem Kuchengitter gut auskühlen lassen. Dann etwas Zuckermasse auf die langen Seiten der Dreiecke streichen und so aneinander stellen, dass sie einen rechten Winkel bilden. Der Messingring über den Spitzen hält die Teile in Position.

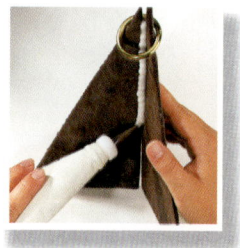

3 Füllen Sie die Zuckermasse in einen Spritzbeutel mit kleiner Lochtülle, fahren Sie damit langsam von der Spitze bis nach unten und verkleben Sie so die Teile. Die beiden anderen Dreiecke anfügen und nach gleichem Muster befestigen. Den Ring erst abnehmen, wenn der Baum fest und trocken ist.

tipps & tricks

- Achten Sie darauf, dass die Dreiecke für den Tannenbaum ganz flach liegen, damit sie sich beim Abkühlen nicht wellen. Für die Montage des Baumes müssen sie ganz gerade und flach sein.
- Geben Sie beim Weihnachtsbaum Nüsse oder Mandeln nur gemahlen an den Teig. Gehackt würden sie ihn brüchig machen.

Für die Weihnachtsbäume und den Baumschmuck aus Lebkuchen benötigen Sie pro Baum

- *1 Portion dunklen Lebkuchenteig (Grundrezept siehe Seite 29)*

Außerdem:

- *Zwei Holzleisten ca. 4 mm dick und 30 cm lang*
- *1 Lineal*
- *1 kreisrundes Stück Styropor mit einem Durchmesser von etwa 40 cm*
- *1 Metallring mit einem Durchmesser von etwa 6 cm*

Welchen Lebkuchenteig Sie für den Weihnachtsbaum verwenden, hängt ganz davon ab, ob Sie ihn aufessen oder bis zum nächsten Jahr aufbewahren wollen.

Die Holzleisten, die Ihnen das gleichmäßige Ausrollen des Teiges erleichtern, bekommen Sie in jedem Baumarkt, ebenso den kleinen Metallring

und die Styroporplatte. Statt des Metallringes können Sie auch eine kleine, ausgewaschene Konservendose benutzen. Das Styropor bekleben Sie mit goldener Geschenkfolie oder mit etwas festerem Weihnachtspapier. Wer keines zur Hand hat, feuchtet das Styropor an und bestreut es mit Puder- und Hagelzucker.

Weihnachtsbaum verzieren

Wenn die Bäume
endlich stehen,
haben vor allem
Kinder viel Freude
daran, sie mit
Zuckerzeug und
bunten Plätzchen
zu schmücken.

einfach

Glasieren und verzieren

1 Die kleinen Lebkuchenfiguren können Sie mit
bunten Zuckerfarben nach Belieben bemalen.
Die silbernen Zuckerkugeln werden mit je einem
Tropfen Zuckermasse am Baum festgeklebt. Genau so
verfahren Sie mit den Smarties.

2 Die Lebkuchenmotive werden ebenfalls mit
Zuckermasse an den äußeren Kanten des Baumes
festgeklebt. Zum Schluss befestigen Sie mit
Zuckerguss die unteren Kanten des Baumes auf der mit
Goldpapier verkleideten Styroporplatte. Nun muss
der Baum gut trocknen.

Der Zuckerguss für den Klebstoff muss sehr dickflüssig sein. Verrühren Sie deshalb zu-

zen und Figuren aus Fondant, wie es sie um die Weihnachtszeit zu kaufen gibt, machen sich auch gut als Dekor. Wie Sie Ihren ganz persönlichen Lebkuchenbaum schmücken, bleibt letztendlich jedoch ganz und gar Ihrer Fantasie und Ihrem Geschmack überlassen.

Übrigens: Der Weihnachtsbaum eignet sich auch als Geschenk für ganz besonders liebe Menschen.

tipps & tricks

- Sieht auch lustig aus: Mit den Farben direkt aus der Tube Tupfer aufspritzen.
- Wenn Sie den Baum aufheben wollen, lösen Sie alle Lebkuchenmotive – falls die noch nicht aufgegessen sind – vom Baum und verpacken ihn sorgfältig mit Füllmaterial in einem entsprechend großen Karton. Im nächsten Jahr brauchen Sie nur neue Lebkuchenmotive am Baum zu befestigen.

Zum Verzieren und für den Klebstoff brauchen Sie pro Baum

- *500 g Puderzucker*
- *2-3 Eiweiß*
- *Lebensmittelfarben*
- *Smarties und Zuckerkugeln*

erst nur 2 Eiweiß mit dem Puderzucker. Wenn die Masse zu fest ist, rühren Sie noch ein drittes Eiweiß darunter.

Was vom Zuckerguss übrig bleibt, wird mit einigen Tropfen Zitronensaft etwas flüssiger gemacht und in verschiedenen Farben eingefärbt.

Der Baum kann sehr vielfältig geschmückt werden. Sie können ihn beispielsweise auch mit hellem Lebkuchenteig herstellen. Wenn er dann nur mit goldenen Zuckerkugeln, weißem Zuckerguss und goldenen Bändern verziert wird, bekommt er ein besonders edles Aussehen. Kringel, Her-

Impressum

Das Werk einschließlich aller seiner Teile ist urheber-
rechtlich geschützt. Jede Verwertung außerhalb des
Urhebergesetzes ist ohne Zustimmung des Verlages
unzulässig und strafbar. Das gilt insbesondere für
Vervielfältigungen, Übersetzungen, Mikroverfilmungen
und die Einspeicherung und Verarbeitung in elektro-
nischen Systemen.

Der Inhalt dieses Buches ist sorgfältig recherchiert und
erarbeitet worden. Dennoch können weder Autoren
noch Verlag für alle Angaben im Buch eine Haftung
übernehmen.

Weltbild Buchverlag
© 1998 by Weltbild Verlag GmbH, Augsburg
Alle Rechte vorbehalten

Einbandgestaltung: Lydia Koch, Augsburg
Titelfoto: P+R Studio, Helmut Peters, München
Fotos: P+R Studio, Helmut Peters, München
Abbildungen: Albert Lohr, München
Layout und Satz: Fischer's DTP-Studio, München
Entwurf: Gisela Stallmann, München
Lithoarbeiten: Kaltner Media GmbH, Bobingen
Druck und Bindung: Offizin Andersen Nexö –
ein Betrieb der INTERDRUCK Graphischer
Großbetrieb GmbH, Leipzig

Gedruckt auf chlorfrei gebleichtem Papier

Printed in Germany

ISBN 3-89604-266-1